Langenscheidt

Bildwörterbuch
Türkisch

Illustrationen von Sandra Schmidt

Langenscheidt

Berlin · München · Wien · Zürich · New York

Coverkonzept: independent Medien-Design

Covergestaltung: Reisserdesign unter Verwendung der Illustrationen von Sandra Schmidt

Umwelthinweis: Gedruckt auf chlorfrei gebleichtem Papier

© 2009 Langenscheidt KG, Berlin und München
Colorierung: Hans-Jürgen Feldhaus
Muttersprachliche Redaktion: Tuba Cecen
Druck: Mercedes-Druck, Berlin
Printed in Germany
ISBN 978-3-468-20339-8
www.langenscheidt.de

09010

Inhaltsverzeichnis

köpek
der Hund

kedi
die Katze

fırıncı
der Bäcker

fırın
die Bäckerei

yol
der Weg

pencere
das Fenster

kapı
die Tür

büfe
der Kiosk

ev
das Haus

daire
die Wohnung

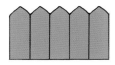
çit
der Zaun

çöp kutusu
der Mülleimer

süpermarket
der Supermarkt

kadın
die Frau

erkek
der Mann

kız
das Mädchen

oğlan
der Junge

yetişkin
der Erwachsene

bebek
das Baby

ikiz
die Zwillinge

çocuk
das Kind

belediye
das Rathaus

taksi
das Taxi

tekerlekli sandalye
der Rollstuhl

çatı
das Dach

cadde
die Straße

banyo
das Badezimmer

yatak odası
das Schlafzimmer

misafir odası
das Gästezimmer

çocuk odası
das Kinderzimmer

dede
der Opa

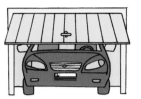

garaj
die Garage

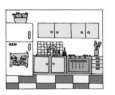

mutfak
die Küche

tuvalet
die Toilette

yemek odası
das Esszimmer

masa
der Tisch

koridor
die Diele

oturma odası
das Wohnzimmer

çatı katı
das Dachgeschoss

nine
die Oma

kız kardeş
die Schwester

erkek kardeş
der Bruder

anne
die Mama

baba
der Papa

aile
die Familie

ebeveyn
die Eltern

teyze
die Tante

amca
der Onkel

kuzen
der Cousin

çalışma odası
das Arbeitszimmer

bodrum
der Keller

merdiven
die Treppe

kuzin
die Cousine

7

yoğurt
der Joghurt

reçel
die Marmelade

ekmek
das Brot

süt
die Milch

tatmak
schmecke

meyva suyu
der Saft

kesmek
schneiden

peçete
die Serviette

saat
die Uhr

tost makinesi
der Toaster

tereyağ
die Butter

kaşık
der Löffel

salatalık
die Gurke

tabak
der Teller

8

bıçak
das Messer

bal
der Honig

çay
der Tee

domates
die Tomate

kahve
der Kaffee

bardak
das Glas

kakao
der Kakao

zeytin
die Olive

çatal
die Gabel

çağırmak
rufen

fincan
die Tasse

peynir
der Käse

dolap
der Schrank

yemek masası
der Esstisch

sandalye
der Stuhl

şarkı söylemek
singen

el kuklası
die Handpuppe

zar
der Würfel

pasta
die Torte

ayıcık
der Teddy

kutlama
das Fest

hediye açmak
auspacken

hediye
das Geschenk

erkek arkadaş
der Freund

arkadaş
die Freundin

doğum günü çocuğu
das Geburtstagskind

fiyonk
die Schleife

çok
viel

az
wenig

10

almak
bekommen

hediye etmek
schenken

mum
die Kerze

iskambil oyunu
das Kartenspiel

yapboz
das Puzzle

lolipop
der Lutscher

poster
das Poster

kutlamak
feiern

tavan
die Decke

duvar
die Wand

uzay gemisi
das Raumschiff

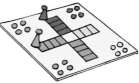
oyun
das Spiel

oyun taşları
die Spielsteine

taban
der Fußboden

11

istasyon
der Bahnhof

trafik işareti
das Verkehrsschild

kamyon
der Lastwagen

trafik ışığı
die Ampel

bisiklet
das Fahrrad

kasap dükkanı
die Metzgerei

okul
die Schule

otobüs
der Bus

vagon
der Waggon

gökdelen
das Hochhaus

metro istasyonu
die U-Bahn-Haltestelle

metro
die U-Bahn

kuaför
die Friseurin

sürmek
fahren

manav
der Obstladen

otobüs durağı
die Bushaltestelle

araba
das Auto

skuter
der Roller

ray
die Schienen

motosiklet
das Motorrad

postane
das Postamt

baca
der Schornstein

yaya kaldırımı
der Bürgersteig

kuaför salonu
der Friseur

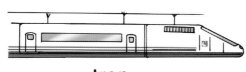
tren
die Eisenbahn

tramvay
die Straßenbahn

kasap
der Metzger

13

ip atlamak
seilhüpfen

çim
das Gras

kaydırak
die Rutsche

yakalamak
fangen

tahterevalli
die Wippe

sincap
das Eichhörnchen

böcek
der Käfer

kürek
die Schaufel

kova
der Eimer

tırmanma duvarı
die Kletterburg

kum sandığı
der Sandkasten

atlamak
springen

mantar
der Pilz

oyuncu
der Tennisspieler

çiçek
die Blume

koklamak
riechen

kelebek
der Schmetterling

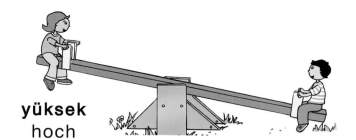
yüksek
hoch

alçak
tief

gökyüzü
der Himmel

sallanmak
schaukeln

salıncak
die Schaukel

düşmek
hinfallen

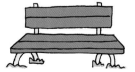
bank
die Bank

sümüklü böcek
die Schnecke

tenis
Tennis

oynamak
spielen

ağaç
der Baum

15

cami
die Moschee

kırmızı
rot

siyah
schwarz

pembe
rosa

beyaz
weiß

mavi
blau

sarı
gelb

turuncu
orange

renkler
die Farben

ilkbahar
der Frühling

göstermek
zeigen

kahverengi
braun

turkuaz
türkis

mor
lila

gri
grau

yeşil
grün

renkli
bunt

aramak
suchen

baş örtüsü
das Kopftuch

vermek
geben

nar
der Granatapfel

portakal
die Orange

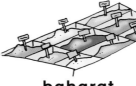
baharat
die Gewürze

17

koala ayısı
der Koala

zebra
das Zebra

boynuz
das Horn

deve
das Kamel

fil
der Elefant

deve kuşu
der Strauß

yılan
die Schlange

şempanze
der Schimpanse

penguen
der Pinguin

gergedan
das Nashor

hayvan bakıcısı
der Tierpfleger

timsah
das Krokodil

giriş
der Eingang

çıkış
der Ausgang

18

kutup ayısı
der Eisbär

maymun
der Affe

şelale
der Wasserfall

bukalemun
das Chamäleon

suaygırı
das Nilpferd

kanguru
das Känguru

aslan
der Löwe

uçmak
fliegen

zürafa
die Giraffe

kaplan
der Tiger

hayvan bakıcısı
die Tierpflegerin

ayı
der Bär

leopar
der Leopard

goril
der Gorilla

ahtapot
der Krake

deniz kestanesi
der Seeigel

büyük
groß

küçü
klei

köpek balığı
der Hai

ıstakoz
der Hummer

balık
der Fisch

yosun
die Alge

denizanası
die Qualle

deniz atı
das Seepferdchen

deniz kaplumbağa
die Schildkröte

balina
der Wal

kısa
kurz

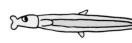

uzun
lang

kılıç balığı
der Schwertfisch

yılanbalığı
der Aal

mors
das Walross

fok balığı
der Seehund

mürekkep balığı
der Tintenfisch

öğretmen
die Lehrerin

mercan
die Koralle

vatoz balığı
der Rochen

inci
die Perle

yengeç
der Krebs

balık sürüsü
der Schwarm

deniz yıldızı
der Seestern

mısır
der Mais

şeftali
der Pfirsich

bezelye
die Erbsen

biber
die Paprika

meyve
das Obst

tavuk
das Hühnchen

marul
der Salat

cips
die Chips

mercimek
die Linsen

çikolata
die Schokolade

kabak
die Zucchini

alışveriş arabası
der Einkaufswagen

karnabahar
er Blumenkohl

sebze
das Gemüse

erik
die Pflaume

kaymak
die Sahne

kasa
die Kasse

kiraz
die Kirsche

brokoli
der Brokkoli

patlıcan
die Aubergine

makarna
die Nudeln

pirinç
der Reis

kutu
die Dose

maydanoz
die Petersilie

patates
die Kartoffel

sarımsak
der Knoblauch

23

tencere
der Topf

havuç
die Karotte

soğan
die Zwiebel

muz
die Banane

üzüm
die Traube

fırın
der Ofen

ananas
die Ananas

düşürmek
fallen lassen

bozuk
kaputt

mikrodalga fırın
die Mikrowelle

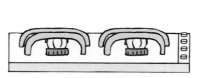

ocak
der Herd

tava
die Pfanne

bulaşık yıkamak
Geschirr spülen

limon
die Zitrone

çilek
die Erdbeere

sıcak
warm

su
das Wasser

soğuk
kalt

ağlamak
weinen

önlük
die Schürze

pişirmek
kochen

kaynar
heiß

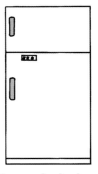

çanak
die Schüssel

meyve salatası
der Obstsalat

yakmak
verbrennen

kıyma et
das Hackfleich

buzdolabı
der Kühlschrank

25

yemek
essen

hortum
der Schlauch

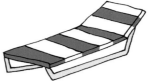

şezlong
die Liege

kirpi
der Igel

kavun
die Honigmelon

köfte
das Fleisch-
bällchen

sosis
das Würstchen

mangal
der Grill

şişe
die Flasche

içmek
trinken

kaykay
das Skateboard

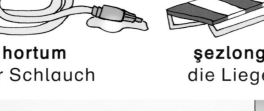

güneş
die Sonne

atmak
werfen

kale
das Tor

paten
die Inlineskates

karpuz
e Wassermelone

bardak
der Becher

bahçe
der Garten

et
das Fleisch

mangal yapmak
grillen

ketçap
der Ketchup

futbol
Fußball

merdiven
die Leiter

hardal
der Senf

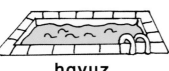

havuz
das Schwimmbad

top
der Ball

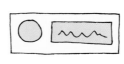

zil
die Klingel

bebek arabası
der Kinderwagen

elbise
das Kleid

kartpostal
die Postkarte

mektup
der Brief

posta kutusu
der Briefkasten

postacı
der Briefträger

kot pantolon
die Jeans

külot
die Unterhose

etek
der Rock

eşofman
der Jogging-
anzug

gecelik
das Nachthemd

spor ayakkabı
die Turnschuhe

ev terliği
die Hausschuhe

lastik çizme
die Gummistiefel

ayakkabı
die Schuhe

el çantası
die Handtasche

kemer
der Gürtel

gözlük
die Brille

yağmurluk
die Jacke

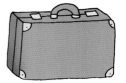
valiz
der Koffer

tişört
das T-Shirt

pantolon
die Hose

kazak
der Pullover

pijama
der Schlafanzug

sırt çantası
der Rucksack

sandalet
die Sandalen

şort
die Shorts

çorap
die Socken

dalmak
tauchen

dalga
die Welle

ada
die Insel

sörf tahtası
das Surfbrett

deniz terliği
die Badelatsch

yunus balığı
der Delfin

yelkenli
das Segelboot

cankurtaran
der Rettungs-
schwimmer

voleybol
Volleyball

deniz feneri
der Leuchtturm

yüzmek
schwimmen

dondurma
das Eis

güneş kremi
die Sonnencreme

frizbi®
das Frisbee

umdan kale
ie Sandburg

okumak
lesen

midye
die Muschel

deniz
das Meer

kum
der Sand

bayrak
die Fahne

sörf yapmak
surfen

mayo
der Badeanzug

bikini
der Bikini

sandal
das Boot

otel
das Hotel

gemi
das Schiff

plaj
der Strand

mayo
die Badehose

güneş gözlüğü
die Sonnenbrille

otel
das Hotel

31

palmiye
die Palme

lokanta
das Restaurant

fıskiye
der Springbrunnen

sinema
das Kino

banka
die Bank

köprü
die Brücke

garson
der Kellner

garson
die Kellnerin

hızlı
schnell

yavaş
langsam

başlık
die Kappe

boş
leer

dolu
voll

yaz
der Sommer

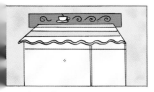

kafeterya
das Café

tepe
der Hügel

dağ
der Berg

ırmak
der Fluss

sanatçı
die Künstlerin

kilise
die Kirche

bar
die Bar

heykel
die Statue

gitmek
gehen

kamera
die Kamera

fotoğraf çekmek
fotografieren

bankamatik
der Geldautomat

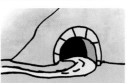

tünel
der Tunnel

duymak
hören

uçak
das Flugzeug

helikopter
der Hubschrauber

hostes
die Flugbegleiterin

bilgisayar
der Computer

klavye
die Tastatur

MP3 Çalar
der MP3-Player

pilot
der Pilot

polis
die Polizistin

sürücü
der Fahrer

teknisyen
Mechaniker

fotoğraf
das Foto

kulaklik
der Kopfhörer

sormak
fragen

cevap vermek
antworten

gülümsemek
lächeln

gülmek
lachen

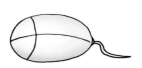
fare
die Maus

asansör
der Fahrstuhl

cd
die CD

sarılmak
umarmen

öpmek
küssen

üzgün
traurig

mutlu
glücklich

buket
der Blumenstrauß

yürüyen merdiven
die Rolltreppe

35

keçi
die Ziege

traktör
der Traktor

ördek
die Ente

yumurta
das Ei

tavşan
das Kaninchen

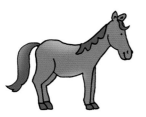

at
das Pferd

tay
das Fohlen

horoz
der Hahn

tavuk
die Henne

kaz
die Gans

hindi
der Truthahn

kurbağa
der Frosch

civciv
das Küken

fare
die Maus

çiftçi
die Bäuerin

çiftçi
der Bauer

kuzu
das Lamm

koyun
das Schaf

ata binmek
reiten

inek
die Kuh

dana
das Kalb

boğa
der Stier

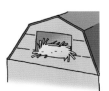

samanlık
die Scheune

arı
die Biene

ahır
der Stall

taş
der Stein

sepet
der Korb

sinek
die Fliege

parfüm
das Parfüm

havlu
das Handtuch

banyo yapmak
baden

şampuan
das Shampoo

sünger
der Schwamm

duş jeli
das Duschgel

duş
die Dusche

ayna
der Spiegel

köpük
der Schaum

musluk
der Wasserhahn

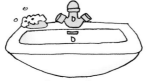
lavabo
das Waschbecken

banyo paspası
die Badematte

saç kurutma makines
der Föhn

tarak
der Kamm

sabun
die Seife

at kuyruğu
der Pferdeschwanz

küvet
die Badewanne

fırça
die Bürste

saç örgüsü
der Zopf

tıraş olmak
sich rasieren

bileklik
das Armband

duş almak
duschen

diş fırçası
die Zahnbürste

diş macunu
die Zahnpasta

tıraş makinesi
der Rasierapparat

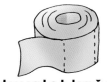

tuvalet kağıdı
das Toilettenpapier

küpe
die Ohrringe

aşçı
der Koch

tatlı
die Nachspeise

karabiber
der Pfeffer

konuşmak
sprechen

yüzük
der Ring

aşçı
die Köchin

bluz
die Bluse

kravat
die Krawatte

manto
der Mantel

çizme
die Stiefel

görmek
sehen

patates kızartması
die Pommes frites

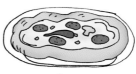

pizza
die Pizza

salata
der Salat

menü
ie Speisekarte

mercimek çorbası
Rote Linsensuppe

kolye
die Kette

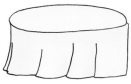

masa örtüsü
die Tischdecke

çorba
die Suppe

takım elbise
der Anzug

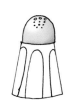

tuz
das Salz

gömlek
das Hemd

spagetti
die Spaghetti

çorba tabağı
der Suppenteller

piyanist
der Klavierspieler

piyano
das Klavier

atkı
das Halstuch

şal
der Schal

41

ay
der Mond

yarasa
die Fledermaus

yıldız
der Stern

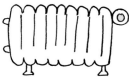
kalorifer
die Heizung

uzaktan kumanda
die Fernbedienung

perde
der Vorhang

telefon
das Telefon

uyumak
schlafen

televizyon
der Fernseher

gölge
der Schatten

korkmak
Angst haben

lamba
die Lampe

dvd çalar
der DVD-Spieler

çalar saat
der Wecker

yastık
das Kissen

halı
der Teppich

koltuk
der Sessel

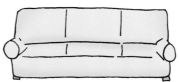
kanepe
das Sofa

baykuş
die Eule

vazo
die Vase

yatak
das Bett

komodin
der Nachttisch

yatak örtüsü
die Bettdecke

baş yastığı
das Kopfkissen

çalışma masası
der Schreibtisch

el feneri
die Taschenlampe

askılık
der Kleiderständer

tilki
der Fuchs

fındık
die Nuss

duvar
die Mauer

yürüme arabası
das Rutschauto

gitar
die Gitarre

uçurtma
der Drachen

limonata
die Limonade

hapşırmak
niesen

basketbol
der Basketball

perende atmak
Rad schlagen

toprak
die Erde

bulut
die Wolke

takla
der Purzelbaum

rüzgar
der Wind

bisküvi
der Keks

kek
der Kuchen

eşekarısı
die Wespe

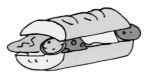
sandviç
das Sandwich

kertenkele
die Eidechse

elma
der Apfel

armut
die Birne

güvercin
die Taube

karınca
die Ameise

çimen
die Wiese

karavan
der Wohnwagen

yuva
das Nest

kuş
der Vogel

solucan
der Regenwurm

havuz
der Teich

doktor
die Ärztin

kol
der Arm

alçı
der Gips

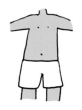

karın
der Bauch

vücut
der Körper

popo
der Popo

parmak
der Finger

kafa
der Kopf

diş
der Zahn

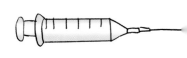

iğne
die Spritze

sağlıklı
gesund

hasta
krank

göbek
der Bauchnabel

ayak parmağı
der Zeh

46

baş parmak
der Daumen

omuz
die Schulter

öksürmek
husten

ayak
der Fuß

bacak
das Bein

röntgen çekmek
röntgen

el
die Hand

diş doktoru
der Zahnarzt

diz
das Knie

koltuk değneği
die Krücken

boğaz
der Hals

sargı
der Verband

göğüs
die Brust

sırt
der Rücken

kartal
der Adler

kobay
das Meerschweinchen

almak
nehmen

akvaryum
das Aquarium

kafes
der Käfig

tüy
die Feder

tavus kuşu
der Pfau

silmek
putzen

yarış faresi
die Rennmaus

post
das Fell

pati
die Pfote

havlamak
bellen

48

tezgahtar
die Verkäuferin

tezgahtar
der Verkäufer

hamster tekerleği
das Hamsterrad

hamster
der Hamster

kırmızı balık
der Goldfisch

papağan
der Papagei

ip
die Leine

kuyruk
der Schwanz

köpek yavrusu
der Welpe

tas
der Napf

yem
das Futter

miyavlamak
miauen

kukla
die Marionette

oyuncak bebek
die Puppe

vitrin
das Schaufenster

cüzdan
das Portemonnaie

flüt
die Flöte

DVD
die DVD

torba
die Tüte

satın almak
kaufen

oyuncak
das Spielzeug

oyuncak araba
das Spielzeugauto

oyun blokları
die Bauklötze

davul
die Trommel

50

kitapçı
die Buchhandlung

bilgisayar oyunu
das Computerspiel

bebek evi
das Puppenhaus

demir para
die Münze

banknot
der Schein

para
das Geld

fiyat
der Preis

pelüş oyuncak
das Plüschtier

dükkan
das Geschäft

şeker
das Bonbon

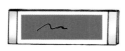

çiklet
das Kaugummi

kitap
das Buch

çizgi roman
das Comicheft

korsan
der Pirat

astronot
die Astronautin

kovboy
der Cowboy

şövalye
der Ritter

kızılderili
der Indianer

cadı
die Hexe

viking
der Wikinger

peri
die Fee

canavar
das Monster

raf
das Regal

iyi
gut

kötü
schlecht

ksilofon
das Xylofon

kabak
der Kürbis

palyaço
der Clown

denizkızı
die Meerjungfrau

prenses
die Prinzessin

kraliçe
die Königin

kral
der König

kahraman
der Held

dans etmek
tanzen

sihirbaz
der Zauberer

alkışlamak
klatschen

balon
der Luftballon

güzel
schön

çirkin
hässlich

53

kepçe
der Bagger

inşaat işçisi
der Bauarbeiter

şemsiye
der Regenschirm

örümcek ağı
das Spinnennetz

örümcek
die Spinne

fırtına
der Sturm

kök
die Wurzel

süpürge
der Besen

dal
der Ast

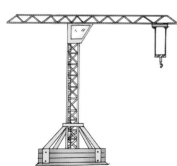

vinç
der Kran

el arabası
die Schubkarre

kol saati
die Uhr

duvarcı
der Maurer

bıyık
der Schnurrbart

sakal
der Bart

54

istif arabası
der Gabelstapler

yaprak
das Blatt

beton makinesi
der Betonmischer

yıldırım
der Blitz

yağmur
der Regen

sonbahar
der Herbst

şapka
der Hut

polis arabası
das Polizeiauto

itfaiye arabası
das Feuerwehrauto

itfaiyeci
der Feuerwehrmann

ambulans
der Krankenwagen

çöp arabası
der Müllwagen

defter
das Heft

makas
die Schere

silgi
der Radiergummi

boyamak
malen

gökkuşağı
der Regenbogen

tebeşir
die Kreide

küre
der Globus

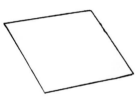
kağıt
das Papier

dosya
der Ordner

kalemtıraş
der Anspitzer

suluboya
die Wasserfarben

cetvel
das Lineal

ağız
der Mund

dil
die Zunge

saç
die Haare

kalem kutusu
das Federmäppchen

resim çerçevesi
der Bilderrahmen

tükenmez kalem
der Kugelschreiber

resim
das Bild

boya fırçası
der Pinsel

kurşun kalem
der Bleistift

yazmak
schreiben

renkli kalem
der Buntstift

yanak
die Backe

göz
das Auge

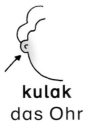

kulak
das Ohr

burun
die Nase

yüz
das Gesicht

alın
die Stirn

bere
die Mütze

kardan adam
der Schneemann

eldiven
die Handschuhe

tulum
die Latzhose

kış
der Winter

cep telefonu
das Handy

buz
das Eis

kayaklar
die Skier

kartopu
der Schneeball

koşmak
rennen

kızak
der Schlitten

gürültülü
laut

sessiz
leise

şeker
der Zucker

un
das Mehl

buz pateni yapmak
Schlittschuh laufen

radyo
das Radio

pasta yapmak
backen

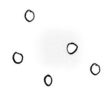

kar
der Schnee

snowboard
das Snowboard

noel ağacı
der Weihnachtsbaum

noel baba
der Weihnachtsmann

ren geyiği
das Rentier

Register

A

der **Aal** yılanbalığı [jəˈlanbalə:ə] 21
der **Adler** kartal [karˈtal] 48
der **Affe** maymun [majˈmʊn] 19
die **Alge** yosun [jɔˈsʊn] 20
die **Ameise** karınca [kaˈrəndʒa] 45
die **Ampel** trafik ışığı [traˈfik əʃəːˈə] 12
die **Ananas** ananas [anaˈnas] 24
Angst haben korkmak [kɔrkˈmak] 42
der **Anspitzer** kalemtıraş [kalɛmtəˈraʃ] 56
antworten cevap vermek [dʒɛˈvap vɛrˈmɛk] 35
der **Anzug** takım elbise [taˈkəm ɛlbiˈsɛ] 41
der **Apfel** elma [ɛlˈma] 45
das **Aquarium** akvaryum [akˈvarjʊm] 48
das **Arbeitszimmer** çalışma odası
   [tʃaləʃˈma ɔdaˈsə] 7
der **Arm** kol [kɔl] 46
das **Armband** bileklik [bilɛkˈlik] 39
die **Ärztin** doktor [dɔkˈtɔr] 46
der **Ast** dal [dal] 54
die **Astronautin** astronot [astrɔˈnɔt] 52
die **Aubergine** patlıcan [patləˈdʒan] 23
das **Auge** göz [gœz] 57
der **Ausgang** çıkış [tʃəˈkəʃ] 18
auspacken hediye açmak [hɛdiˈjɛ atʃˈmak] 10
das **Auto** araba [araˈba] 13

B

das **Baby** bebek [bɛˈbɛk] 5
die **Backe** yanak [jaˈnak] 57
backen pasta yapmak [pasˈta japˈmak] 59
der **Bäcker** fırıncı [fərəndˈʒə] 4
die **Bäckerei** fırın [fəˈrən] 4
das **Bad** banyo [ˈbanjɔ] 6
der **Badeanzug** mayo [maˈjɔ] 31
die **Badehose** mayo [maˈjɔ] 31
die **Badelatschen** deniz terliği
   [dɛˈniz tɛrliːˈi] 30
die **Badematte** banyo paspası
   [ˈbanjɔ paspaˈsə] 38
baden banyo yapmak [ˈbanjɔ japˈmak] 38
die **Badewanne** küvet [kyˈvɛt] 39

der **Bagger** kepçe [kɛpˈtʃɛ] 54
der **Bahnhof** istasyon [istasˈjɔn] 12
der **Ball** top [tɔp] 27
die **Banane** muz [mʊz] 24
die **Bank** bank [bank] 15
die **Bank** banka [ˈbanka] 32
die **Bar** bar [bar] 33
der **Bär** ayı [aˈjə] 19
der **Bart** sakal [saˈkal] 54
Basketball basketbol [baskɛtˈbɔl] 44
der **Bauarbeiter** inşaat işçisi [inʃaːˈat iʃtʃˈsi] 54
der **Bauch** karın [kaˈrən] 46
der **Bauchnabel** göbek [gœˈbɛk] 46
der **Bauer** çiftçi [tʃifˈtʃi] 37
die **Bäuerin** çiftçi [tʃifˈtʃi] 37
die **Bauklötze** oyun blokları
   [ɔˈjʊn blɔklaˈrə] 50
der **Baum** ağaç [aːˈatʃ] 15
der **Becher** bardak [barˈdak] 27
das **Bein** bacak [baˈdʒak] 47
bekommen almak [alˈmak] 11
bellen havlamak [havlaˈmak] 48
der **Berg** dağ [daː] 33
der **Besen** süpürge [syˈpyrgɛ] 54
der **Betonmischer** beton makinesi
   [bɛˈtɔn makinɛˈsi] 55
das **Bett** yatak [jaˈtak] 43
die **Bettdecke** yatak örtüsü [jaˈtak
   œrtyˈsy] 43
die **Biene** arı [aˈrə] 37
der **Bikini** bikini [biˈkini] 31
das **Bild** resim [rɛˈsim] 57
der **Bilderrahmen** resim çerçevesi
   [rɛˈsim tʃɛrtʃɛvɛˈsi] 57
die **Birne** armut [arˈmʊt] 45
das **Blatt** yaprak [japˈrak] 55
blau mavi [ᵈmaːvi] 16
der **Bleistift** kurşun kalem [kʊrˈʃun kaˈlɛm] 57
der **Blitz** yıldırım [jəldəˈrəm] 55
die **Blume** çiçek [tʃiˈtʃɛk] 15
der **Blumenkohl** karnabahar
   [karˈnabahar] 23
der **Blumenstrauß** buket [bʊˈkɛt] 35
die **Bluse** bluz [bˈlʊz] 40
der **Bonbon** şeker [ʃɛˈkɛr] 51
das **Boot** sandal [sanˈdal] 31
braun kahverengi [kaːvɛrɛnˈgi] 17

der **Brief** mektup [mɛkˈtʊp] 28
der **Briefkasten** posta kutusu
   [pɔsˈta kʊtʊˈsʊ] 28
der **Briefträger** postacı [ˈpɔstadʒə] 28
die **Brille** gözlük [gœzˈlyk] 29
der **Brokkoli** brokoli [ˈbrɔkɔli] 23
das **Brot** ekmek [ɛkˈmɛk] 8
die **Brücke** köprü [kœpˈry] 32
der **Bruder** erkek kardeş [ɛrˈkɛk karˈdɛʃ] 7
die **Brust** göğüs [gœˈys] 47
das **Buch** kitap [kiˈtap] 51
die **Buchhandlung** kitapçı [kitapˈtʃə] 51
bunt renkli [rɛnkˈli] 17
der **Buntstift** renkli kalem [rɛnkˈli kaˈlɛm] 57
der **Bürgersteig** yaya kaldırımı
   [jaˈja kaldərəˈmə] 13
die **Bürste** fırça [fərˈtʃa] 39
der **Bus** otobüs [ɔtɔˈbys] 12
die **Bushaltestelle** otobüs durağı
   [ɔtɔˈbys dʊraːˈə] 13
die **Butter** tereyağ [tɛrɛˈjaː] 8

C

das **Café** kafeterya [kafɛˈtɛrja] 33
die **CD** cd [sɛdɛ] 35
das **Chamäleon** bukalemun [bʊkalɛˈmʊn] 19
die **Chips** cips [dʒips] 22
der **Clown** palyaço [palˈjatʃɔ] 53
das **Comicheft** çizgi roman [tʃiˈgi rɔˈman] 51
der **Computer** bilgisayar [bilgisaˈjar] 34
das **Computerspiel** bilgisayar oyunu
   [bilgisaˈjar ojʊˈnʊ] 51
der **Cousin** kuzen [kʊˈzɛn] 7
die **Cousine** kuzin [kʊˈzin] 7
der **Cowboy** kovboy [kɔvˈboj] 52

D

das **Dach** çatı [tʃaˈtə] 5
das **Dachgeschoss** çatı katı [tʃaˈtə kaˈtə] 6
der **Daumen** baş parmak [ˈbaʃ parˈmak] 47
die **Decke** tavan [taˈvan] 11

der Delfin yunus balığı [juˈnʊs baləˈə] 30
die Diele koridor [kɔriˈdɔr] 6
die Dose kutu [kʊˈθʊ] 23
der Drachen uçurtma [ʊtʃʊrtˈma] 44
die Dusche duş [duʃ] 38
duschen duş almak [ˈduʃ alˈmak] 39
das Duschgel duş jeli [ˈduʃ ʒɛˈli] 38
die DVD dvd [dɛvɛˈdɛ] 50
der DVD-Spieler dvd çalar [dɛvɛˈdɛ tʃaˈlar] 42

E

das Ei yumurta [jʊmʊrˈta] 36
das Eichhörnchen sincap [sinˈdʒaːp] 14
die Eidechse kertenkele [kɛrˈtɛnkɛlɛ] 45
der Eimer kova [kɔˈva] 14
der Eingang giriş [giˈriʃ] 18
der Einkaufswagen alışveriş arabası
    [aləʃvɛˈriʃ arabaˈsə] 22
das Eis dondurma [dɔndʊrˈma] 30
das Eis buz [bʊz] 58
der Eisbär kutup ayısı [kʊˈtʊp ajəˈsə] 19
die Eisenbahn tren [trɛn] 13
der Elefant fil [fil] 18
die Eltern ebeveyn [ɛbɛˈvɛjn] 7
die Ente ördek [œrˈdɛk] 36
die Erdbeere çilek [tʃiˈlɛk] 25
die Erde toprak [tɔpˈrak] 44
der Erwachsene yetişkin [jɛtiʃˈkin] 5
essen yemek [jɛˈmɛk] 26
der Esstisch yemek masası
    [jeˈmɛk masaˈsə] 9
das Esszimmer yemek odası
    [jɛˈmɛk ɔdaˈsə] 6
die Eule baykuş [bajˈkʊʃ] 43

F

die Fahne bayrak [bajˈrak] 31
fahren sürmek [syrˈmɛk] 13
der Fahrer sürücü [syryˈdʒy] 34
das Fahrrad bisiklet [bisikˈlɛt] 12
der Fahrstuhl asansör [asanˈsœr] 35
fallen lassen düşürmek [dyʃyrˈmɛk] 24
die Familie aile [aiˈlɛ] 7
fangen yakalamak [jakalaˈmak] 14
die Farben renkler [rɛnkˈlɛr] 16
die Feder tüy [tyj] 48
das Federmäppchen kalem kutusu
    [kaˈlɛm kʊtʊˈsʊ] 57
die Fee peri [pɛˈri] 52
feiern kutlamak [kʊtlaˈmak] 11
das Fell post [pɔst] 48
das Fenster pencere [pɛndʒɛˈrɛ] 4

die Fernbedienung uzaktan kumanda
    [ʊzakˈtan kʊˈmanda] 42
der Fernseher televizyon [tɛlɛvizˈjɔn] 42
das Fest kutlama [kʊtlaˈma] 10
das Feuerwehrauto itfaiye arabası
    [itfaːˈijɛ arabaˈsə] 55
der Feuerwehrmann itfaiyeci [itfaːˈijɛdʒi] 55
der Finger parmak [parˈmak] 46
der Fisch balık [baˈlək] 20
die Flasche şişe [ʃiˈʃɛ] 26
die Fledermaus yarasa [jaˈrasa] 42
das Fleisch et [ɛt] 27
das Fleischbällchen köfte [kœfˈtɛ] 26
die Fliege sinek [siˈnɛk] 37
fliegen uçmak [ʊtʃˈmak] 19
die Flöte flüt [flyt] 50
die Flugbegleiterin hostes [hɔsˈtɛs] 34
das Flugzeug uçak [ʊˈtʃak] 34
der Fluss ırmak [ərˈmak] 33
das Fohlen tay [taj] 36
der Föhn saç kurutma makinesi
    [satʃ kʊrʊtˈma makinɛˈsi] 38
das Foto fotoğraf [fɔtɔːˈraf] 34
fotografieren fotoğraf çekmek
    [fɔtɔːˈraf tʃɛkˈmɛk] 33
fragen sormak [sɔrˈmak] 35
die Frau kadın [kaˈdən] 5
der Freund erkek arkadaş [ɛrˈkɛk arkaˈdaʃ] 10
die Freundin kız arkadaş [ˈkəz arkaˈdaʃ] 10
das Frisbee® frizbi® [frizˈbi] 30
der Friseur kuaför salonu [kʊaˈfœr salɔˈnʊ] 13
die Friseurin kuaför [kʊaˈfœr] 12
der Frosch kurbağa [kʊrˈbaːa] 36
der Frühling ilkbahar [ˈilkbahar] 16
der Fuchs tilki [tilˈki] 44
der Fuß ayak [aˈjak] 47
der Fußball futbol [fʊtˈbɔl] 27
der Fußboden yer [jɛr] 11
das Futter yem [jɛm] 49

G

die Gabel çatal [tʃaˈtal] 9
der Gabelstapler istif arabası
    [isˈtif arabaˈsə] 55
die Gans kaz [kaz] 36
die Garage garaj [gaˈraʒ] 6
der Garten bahçe [ˈbahtʃɛ] 27
das Gästezimmer misafir odası [misaːˈfir
    ɔdaˈsə] 6
geben vermek [vɛrˈmɛk] 17
das Geburtstagskind doğum günü çocuğu
    [dɔːˈʊm gyˈny tʃɔdʒʊˈʊ] 10
gehen gitmek [gitˈmɛk] 33
gelb sarı [saˈrə] 16
das Geld para [paˈra] 51

der Geldautomat bankamatik
    [bankamaˈtik] 33
das Gemüse sebze [sɛbˈzɛ] 23
das Geschäft dükkan [dykˈjaːn] 51
das Geschenk hediye [hɛdiˈjɛ] 10
Geschirr spülen bulaşık yıkamak
    [bʊlaˈʃək jəkaˈmak] 24
das Gesicht yüz [jyz] 57
gesund sağlıklı [saːləkˈlə] 46
Gewürze baharat [bahaˈrat] 17
der Gips alçı [alˈtʃə] 46
die Giraffe zürafa [zyraːˈfa] 19
die Gitarre gitar [giˈtar] 44
das Glas bardak [barˈdak] 9
der Globus küre [kyˈrɛ] 56
glücklich mutlu [mʊtˈlʊ] 35
der Goldfisch kırmızı balık
    [kərməˈzə baˈlək] 49
der Gorilla goril [gɔˈril] 19
der Granatapfel nar [nar] 17
das Gras çim [tʃim] 14
grau gri [gri] 17
der Grill mangal [manˈgal] 26
grillen mangal yapmak [manˈgal japˈmak] 27
groß büyük [byˈjyk] 20
grün yeşil [jɛˈʃil] 17
die Gummistiefel lastik çizme
    [lasˈtik tʃizˈmɛ] 28
die Gurke salatalık [salataˈlək] 8
der Gürtel kemer [kɛˈmɛr] 29
gut iyi [iˈji] 52

H

die Haare saç [satʃ] 56
das Hackfleisch kıyma et [kəjˈma ɛt] 25
der Hahn horoz [hɔˈrɔz] 36
der Hai köpek balığı [kœˈpɛk baləˈə] 20
der Hals boğaz [bɔːˈaz] 47
das Halstuch atkı [atˈkə] 41
der Hamster hamster [hamsˈtɛr] 49
das Hamsterrad hamster tekerleği
    [hamsˈtɛr tɛkɛrlɛːˈi] 49
die Hand el [ɛl] 47
die Handpuppe el kuklası [ˈɛl kʊklaˈsə] 10
die Handschuhe eldiven [ɛldiˈvɛn] 58
die Handtasche el çantası [ˈɛl tʃantaˈsə] 29
das Handtuch havlu [havˈlʊ] 38
das Handy cep telefonu [ˈdʒɛp tɛlɛfɔˈnʊ] 58
hässlich çirkin [tʃirˈkin] 53
das Haus ev [ɛv] 4
die Hausschuhe ev terliği [ɛv tɛrliːˈi] 28
das Heft defter [dɛfˈtɛr] 56
heiß kaynar [kajˈnar] 25
die Heizung kalorifer [kalɔriˈfɛr] 42
der Held kahraman [kahraˈman] 53

der Mann erkek [ɛrˈkɛk] 5
der Mantel manto [manˈtɔ] 40
die Marionette kukla [kʊkˈla] 50
die Marmelade reçel [reˈtʃɛl] 8
die Mauer duvar [dʊˈvar] 44
der Maurer duvarcı [dʊvarˈdʒə] 54
die Maus fare [faˈrɛ] 35, 36
der Mechaniker teknisyen [tɛknisˈjɛn] 34
das Meer deniz [dɛˈniz] 31
die Meerjungfrau denizkızı [dɛˈnizkəzə] 53
das Meerschweinchen kobay
   [kɔˈbaj] 48
das Mehl un [ʊn] 59
das Messer bıçak [bəˈtʃak] 9
der Metzger kasap [kaˈsap] 13
die Metzgerei kasap dükkanı
   [kaˈsap dykjaˈnə] 12
miauen miyavlamak [mijavlaˈmak] 49
die Mikrowelle mikrodalga fırın [mikˈrɔdalga
   fəˈrən] 24
die Milch süt [syt] 8
der Mond ay [aj] 42
das Monster canavar [dʒanaˈvar] 52
die Moschee cami [ˈdʒaːmi] 16
das Motorrad motosiklet [mɔtɔsikˈlɛt] 13
der MP3-Player MP3 Çalar
   [mɛpɛ ˈytʃ tʃaˈlar] 34
der Mülleimer çöp kutusu [ˈtʃœp kʊtʊˈsʊ] 4
der Müllwagen çöp arabası
   [tʃœp arabaˈsə] 55
der Mund ağız [aːˈəz] 56
die Münze demir para [dɛˈmir paˈra] 51
die Muschel midye [ˈmidjɛ] 31
die Mütze bere [bɛˈrɛ] 58

N

die Nachspeise tatlı [tatˈlə] 40
das Nachthemd gecelik [gɛdʒɛˈlik] 28
der Nachttisch komodin [kɔmɔˈdin] 43
der Napf tas [tas] 49
die Nase burun [bʊˈrʊn] 57
das Nashorn gergedan [gɛrgɛˈdan] 18
nehmen almak [alˈmak] 48
das Nest yuva [jʊˈva] 45
niesen hapşırmak [hapʃərˈmak] 44
das Nilpferd suaygırı [ˈsʊajgərə] 19
die Nudeln makarna [maˈkarna] 23
die Nuss fındık [fənˈdək] 44

O

das Obst meyve [mɛjˈvɛ] 22
der Obstladen manav [maˈnav] 13

das Obstsalat meyve salatası
   [mɛjˈvɛ salataˈsə] 25
der Ofen fırın [fəˈrən] 24
das Ohr kulak [kʊˈlak] 57
die Ohrringe küpe [kyˈpɛ] 39
die Olive zeytin [zɛjˈtin] 9
die Oma nine [niˈnɛ] 7
der Onkel amca [amˈdʒa] 7
der Opa dede [dɛˈdɛ] 6
orange turuncu [tʊrʊnˈdʒʊ] 16
die Orange portakal [pɔrtaˈkal] 17
der Ordner dosya [dɔsˈja] 56

P

die Palme palmiye [ˈpalmijɛ] 32
der Papa baba [baˈba] 7
der Papagei papağan [papaːˈan] 49
das Papier kağıt [kaːˈət] 56
die Paprika biber [biˈbɛr] 22
das Parfüm parfüm [parˈfym] 38
die Perle inci [inˈdʒi] 21
die Petersilie maydanoz [majdaˈnɔz] 23
die Pfanne tava [taˈva] 24
der Pfau tavus kuşu [taˈvʊs kʊˈʃʊ] 48
der Pfeffer karabiber [kaˈrabibɛr] 40
das Pferd at [at] 36
der Pferdeschwanz at kuyruğu
   [ˈat kʊjruːˈʊ] 39
der Pfirsich şeftali [ʃɛfˈtali] 22
die Pflaume erik [eˈrik] 23
die Pfote pati [paˈti] 48
der Pilot pilot [piˈlɔt] 34
der Pilz mantar [manˈtar] 14
der Pinguin penguen [pɛngʊˈɛn] 18
der Pinsel boya fırçası [bɔˈja fərtʃaˈsə] 57
der Pirat korsan [korˈsan] 52
die Pizza pizza [ˈpitsa] 40
das Plüschtier pelüş oyuncak
   [peˈlyʃ ojʊnˈdʒak] 51
das Polizeiauto polis arabası
   [pɔˈlis arabaˈsə] 55
die Polizistin polis [pɔˈlis] 34
die Pommes frites patates kızartması
   [pataˈtɛs kəzartmaˈsə] 40
der Popo popo [pɔˈpɔ] 46
das Portemonnaie cüzdan [dʒyzˈdan] 50
das Postamt postane [posˈtaːnɛ] 13
das Poster poster [pɔsˈtɛr] 11
die Postkarte kartpostal [kartpɔsˈtal] 28
der Preis fiyat [fiˈjat] 51
die Prinzessin prenses [prɛnˈsɛs] 53
der Pullover kazak [kaˈzak] 29
die Puppe oyuncak bebek
   [ɔjʊnˈdʒak bɛˈbɛk] 50
das Puppenhaus bebek evi [bɛˈbɛk eˈvi] 51

der Purzelbaum takla [takˈla] 44
putzen silmek [silˈmɛk] 48
das Puzzle yapboz [japˈbɔz] 11

Q

die Qualle denizanası [dɛˈnizanasə] 20

R

Rad schlagen perende atmak
   [pɛˈrɛndɛ atˈmak] 44
der Radiergummi silgi [silˈgi] 56
das Radio radyo [ˈradjɔ] 59
der Rasierapparat tıraş makinesi
   [təˈraʃ makinɛˈsi] 39
das Rathaus belediye [bɛlɛdiˈjɛ] 5
das Raumschiff uzay gemisi
   [ʊˈzaj gɛmiˈsi] 11
das Regal raf [raf] 52
der Regen yağmur [jaːˈmʊr] 55
der Regenbogen gökkuşağı [ˈgœkkuʃaːə] 56
der Regenschirm şemsiye [ʃɛmˈsijɛ] 54
der Regenwurm solucan [sɔlʊˈdʒan] 45
der Reis pirinç [piˈrintʃ] 23
reiten ata binmek [aˈta binˈmɛk] 37
rennen koşmak [kɔʃˈmak] 58
die Rennmaus yarış faresi [jaˈrəʃ faˈrɛˈsi] 48
das Rentier ren geyiği [rɛn gɛjiːˈi] 59
das Restaurant lokanta [lɔˈkanta] 32
der Rettungsschwimmer cankurtaran
   [dʒankʊrtaˈran] 30
riechen koklamak [kɔklaˈmak] 15
der Ring yüzük [jyˈzyk] 40
der Ritter şövalye [ʃœˈvaljɛ] 52
der Rochen vatoz balığı [vaˈtoz baləːˈə] 21
der Rock etek [ɛˈtɛk] 28
der Roller skuter [skʊˈtɛr] 13
der Rollstuhl tekerlekli sandalye
   [tɛkɛrlɛkˈli sanˈdaljɛ] 5
die Rolltreppe yürüyen merdiven
   [jyryˈjɛn mɛrdiˈvɛn] 35
röntgen röntgen çekmek
   [rœntˈgɛn tʃɛkˈmɛk] 47
rosa pembe [pɛmˈbɛ] 16
rot kırmızı [kərməˈzə] 16
Rote Linsensuppe mercimek çorbası
   [mɛrdʒiˈmɛk ˈtʃɔrbasə] 41
der Rücken sırt [sərt] 47
der Rucksack sırt çantası [ˈsərt tʃantaˈsə] 29
rufen çağırmak [tʃaːrˈmak] 9
das Rutschauto yürüme arabası
   [jyryˈmɛ arabaˈsə] 44
die Rutsche kaydırak [kajdəˈrak] 14

S

der Saft meyva suyu ['mɛjva sʊ'jʊ] 8
die Sahne kaymak [kaj'mak] 23
der Salat marul [ma'rʊl] 22
der Salat salata [sala'ta] 40
das Salz tuz [tʊz] 41
der Sand kum [kʊm] 31
die Sandalen sandalet [sanda'lɛt] 29
die Sandburg kumdan kale [kʊm'dan ka'lɛ] 31
der Sandkasten kum sandığı
['kʊm sanda:'ə] 14
das Sandwich sandviç [sand'vitʃ] 45
das Schaf koyun [kɔ'jʊn] 37
der Schal şal [ʃal] 41
der Schatten gölge [gœl'gɛ] 42
die Schaufel kürek [ky'rɛk] 14
das Schaufenster vitrin [vit'rin] 50
die Schaukel salıncak [salən'dʒak] 15
schaukeln sallanmak [sallan'mak] 15
der Schaum köpük [kœ'pyk] 38
der Schein banknot ['banknɔt] 51
schenken hediye etmek [hɛdi'jɛ ɛt'mɛk] 11
die Schere makas [ma'kas] 56
die Scheune samanlık [saman'lək] 37
die Schienen ray [raj] 13
das Schiff gemi [gɛ'mi] 31
die Schildkröte deniz kaplumbağa
[dɛ'niz kaplʊmba:'a] 20
der Schimpanse şempanze [ʃɛm'panzɛ] 18
der Schlafanzug pijama [pi'ʒama] 29
schlafen uyumak [ʊjʊ'mak] 42
das Schlafzimmer yatak odası
[ja'tak ɔda'sə] 6
die Schlange yılan [jə'lan] 18
der Schlauch hortum [hɔr'tʊm] 26
schlecht kötü [kœ'ty] 52
die Schleife fiyonk [fi'jɔnk] 10
der Schlitten kızak [kə'zak] 58
Schlittschuh laufen buz pateni yapmak
[bʊz patɛ'ni jap'mak] 59
schmecken tatmak [tat'mak] 8
der Schmetterling kelebek [kɛlɛ'bɛk] 15
die Schnecke sümüklü böcek
[symyk'ly bœ'dʒɛk] 15
der Schnee kar [kar] 59
der Schneeball kartopu ['kartɔpʊ] 58
der Schneemann kardan adam
[kar'dan a'dam] 58
schneiden kesmek [kɛs'mɛk] 8
schnell hızlı [həz'lə] 32
der Schnurrbart bıyık [bə'jək] 54
die Schokolade çikolata [tʃikɔ'lata] 22
schön güzel [gy'zɛl] 53
der Schornstein baca [ba'dʒa] 13
der Schrank dolap [dɔ'lap] 9
schreiben yazmak [jaz'mak] 57

der Schreibtisch çalışma masası
[tʃaləʃ'ma masa'sə] 43
die Schubkarre el arabası ['ɛl araba'sə] 54
die Schuhe ayakkabı [a'jak:abə] 29
die Schule okul [ɔ'kʊl] 12
die Schulter omuz [ɔ'mʊz] 47
die Schürze önlük [œn'lyk] 25
die Schüssel çanak [tʃa'nak] 25
der Schwamm sünger [syn'gɛr] 38
der Schwanz kuyruk [kʊj'rʊk] 49
der Schwarm balık sürüsü [ba'lək syry'sy] 21
schwarz siyah [si'jah] 16
der Schwertfisch kılıç balığı [kə'lətʃ balə:'ə] 21
die Schwester kız kardeş ['kəz kar'dɛʃ] 7
das Schwimmbad havuz [ha'vʊz] 27
schwimmen yüzmek [jyz'mɛk] 30
der Seehund fok balığı [fɔk balə:'ə] 21
der Seeigel deniz kestanesi
[dɛ'niz kɛstanɛ'si] 20
das Seepferdchen deniz atı [dɛ'niz a'tə] 20
der Seestern deniz yıldızı [dɛ'niz jəldə'zə] 21
das Segelboot yelkenli [jɛlkɛn'li] 30
sehen görmek [gœr'mɛk] 40
die Seife sabun [sa'bʊn] 39
seilhüpfen ip atlamak ['ip atla'mak] 14
der Senf hardal [har'dal] 27
die Serviette peçete [pɛtʃɛ'tɛ] 8
der Sessel koltuk [kɔl'tʊk] 43
das Shampoo şampuan [ʃampʊ'an] 38
die Shorts şort [ʃɔrt] 29
sich rasieren tıraş olmak [tə'raʃ ɔl'mak] 39
singen şarkı söylemek [ʃar'kə sœjlɛ'mɛk] 10
das Skateboard kaykay [kaj'kaj] 26
die Skier kayaklar [ka'jak] 58
das Snowboard snowboard ['sno:bɔrd] 59
die Socken çorap [tʃɔ'rap] 29
das Sofa kanepe [kanɛ'pɛ] 43
der Sommer yaz [jaz] 32
die Sonne güneş [gy'nɛʃ] 26
die Sonnenbrille güneş gözlüğü
[gy'nɛʃ gœzly:'y] 31
die Sonnencreme güneş kremi
[gy'nɛʃ k'rɛmi] 30
die Spaghetti spagetti [spa'gɛti] 41
die Speisekarte menü [mɛ'ny] 41
der Spiegel ayna [aj'na] 38
das Spiel oyun [ɔ'jʊn] 11
spielen oynamak [ɔjna'mak] 15
die Spielsteine oyun taşları [ojʊn taʃla'rə] 11
das Spielzeug oyuncak [ɔjʊn'dʒak] 50
das Spielzeugauto oyuncak araba
[ɔjʊn'dʒak ara'ba] 50
die Spinne örümcek [œrym'dʒɛk] 54
das Spinnennetz örümcek ağı
[œrym'dʒɛk a:'ə] 54
sprechen konuşmak [kɔnʊʃ'mak] 40
der Springbrunnen fıskiye ['fəskijɛ] 32
springen atlamak [atla'mak] 14

die Spritze iğne [i:'nɛ] 46
der Stall ahır [a'hər] 37
die Statue heykel [hɛj'kɛl] 33
der Stein taş [taʃ] 37
der Stern yıldız [jəl'dəz] 42
die Stiefel çizme [tʃiz'mɛ] 40
der Stier boğa [bɔ:'a] 37
die Stirn alın [a'lən] 57
der Strand plaj [plaʒ] 31
die Straße cadde [dʒad'dɛ] 5
die Straßenbahn tramvay [tram'vaj] 13
der Strauß deve kuşu [dɛ'vɛ kʊʃʊ] 18
der Stuhl sandalye [san'daljɛ] 9
der Sturm fırtına [fərtə'na] 54
suchen aramak [ara'mak] 17
der Supermarkt süpermarket ['sypɛrmarkɛt] 4
die Suppe çorba [tʃɔr'ba] 41
der Suppenteller çorba tabağı
[tʃɔr'ba taba:'ə] 41
das Surfbrett sörf tahtası ['sœrf tahta'sə] 30
surfen sörf yapmak [sœrf jap'mak] 31

T

das T-Shirt tişört [ti'ʃœrt] 29
die Tante teyze ['tejzɛ] 7
tanzen dans etmek [dans ɛt'mɛk] 53
die Taschenlampe el feneri ['ɛl fɛnɛ'ri] 43
die Tasse fincan [fin'dʒan] 9
die Tastatur klavye [klav'jɛ] 34
die Taube güvercin [gyvɛr'dʒin] 45
tauchen dalmak [dal'mak] 30
das Taxi taksi ['taksi] 5
der Teddy ayıcık [ajə'dʒək] 10
der Tee çay [tʃaj] 9
der Teich havuz [ha'vʊz] 45
das Telefon telefon [tɛlɛ'fɔn] 42
der Teller tabak [ta'bak] 8
Tennis tenis [tɛ'nis] 15
der Tennisspieler oyuncu [ojʊn'dʒʊ] 14
der Teppich halı [ha'lə] 43
tief alçak [al'tʃak] 15
der Tierpfleger hayvan bakıcısı
[haj'van bakədʒ'sə] 18
die Tierpflegerin hayvan bakıcısı
[haj'van bakədʒə'sə] 19
der Tiger kaplan [kap'lan] 19
der Tintenfisch mürekkep balığı
[myrɛ'kɛp balə:ə] 21
der Tisch masa ['masa] 6
die Tischdecke masa örtüsü
[ma'sa œrty'sy] 41
der Toaster tost makinesi ['tɔst makinɛ'si] 8
die Toilette tuvalet [tʊva'lɛt] 6
das Toilettenpapier tuvalet kağıdı
[tʊva'lɛt kja:'ə] 39